Du même auteur
aux Éditions Salvator

Sortir des difficultés quotidiennes, 2005.
Vous êtes une bénédiction, 2006.
Diriger les hommes, les éveiller à la vie, 2006.
À chaque jour sa bénédiction, 2007.

Anselm Grün

Ouvre grand mon cœur

Prières

Traduit de l'allemand par
Christiane Lanfranchi-Veyret

SALVATOR
103, rue Notre-Dame des Champs
F-75006 Paris

Les citations de la Bible sont données
généralement d'après la traduction de
la Bible Osty-Trinquet, Paris © Éditions Salvator.

Titre original :
Anselm Grün, SCHENK MIR EIN WEITES HERZ
Gebete

103, rue Notre-Dame-des-Champs, F-75006 Paris
salvator.editions@wanadoo.fr
www.editions-salvator.com

Maquette de couverture : Isabelle de Senilhes
Maquette intérieure : Atlant'Communication

ISBN : 978-2-7067-0491-8

Ouvre grand mon coeur

PRIER RESTE une démarche personnelle. Je dis à Dieu ce qui me touche. Mais il est parfois bon qu'un autre nous propose des mots pour prier, afin que nous puissions, ensuite, trouver nos propres mots.
J'ai, dans ce volume, rassemblé des prières, qui, par leur thématique, touchent le tréfonds de mon âme : remercier et faire confiance, m'accepter moi-même et trouver un moyen de venir à bout de mes peurs et de mes soucis. Il est salutaire d'exprimer ses sentiments par le biais de la prière, car ce qui reste inexprimé continue à peser sur l'âme.
Mais la prière, qui nous aide à soulager notre âme devant Dieu, peut transformer notre cœur et l'emplir de confiance et de reconnaissance. Les prières contenues dans la première partie de ce livre (« Prières du cœur ») seront bienvenues pour ceux qui ne peuvent trouver les mots pour exprimer ce qui mine leur cœur.

Dans la deuxième partie, (« Prières de bénédiction ») j'ai composé des prières, par lesquelles nous pouvons demander à Dieu de bénir notre vie quotidienne et surtout les personnes pour lesquelles nous aimerions prier.

Nombre de nos prières sont des demandes d'intercession. La prière nous transforme aussi lorsque nous prions pour quelqu'un d'autre. Cela nous donne de l'espoir pour l'autre et nous nous sentons reliés à lui. Ainsi, en sa présence, nous paraîtrons plus ouverts, pleins de confiance et d'espoir. Cela le transformera, lui aussi. Pourtant, l'effet de la prière d'intercession dépasse la simple explication psychologique. Nous pouvons vraiment croire que Dieu lui-même pense aux êtres humains et que la prière agit sur le réel.

Les prières de la troisième partie (« Prières du cycle liturgique ») doivent nous aider à vivre en toute conscience ces moments de l'année, propices à notre salut. L'année liturgique nous confronte à ce qui est essentiel pour notre âme. Ce qu'il y a de plus profond en nous est interpellé et exprimé aussi bien dans la prière que dans la solennité de la fête ; alors, peu à peu, Dieu nous apporte le salut et inonde de son amour tous les recoins de notre âme. Ainsi, chaque période du temps liturgique apporte sa propre empreinte et nous sentons combien ces moments de l'année nous sont salutaires car, en ces instants, Jésus-Christ agit sur nous comme il a, autrefois, agi sur les hommes qu'il a rencontrés.

Une fois que nous avons dit et présenté à Dieu tout ce que nous avions sur le cœur, nous pouvons, par la prière, arriver à la sérénité. Les prières de la quatrième partie (« Prières de la sérénité ») doivent nous conduire au calme intérieur, que je décris dans la cinquième partie (« Prières sans paroles »). L'absence de paroles et la prière silencieuse accompagnée de gestes nous permettent d'accueillir la présence de Dieu, le cœur grand ouvert, prêt à recevoir Dieu.

Ainsi pourrons-nous comprendre et vivre ce qu'Évagre le Pontique disait de la prière au IVe siècle : « C'est le plus grand don de Dieu. Il n'y a rien de plus précieux sur terre. Que peut-il y avoir de plus grand que de parler personnellement avec Dieu et de vivre complètement en sa présence ? »

Prières du cœur

Prières de bénédiction

Prières du cycle liturgique

Prières du cœur

Ce que l'œil n'a pas vu,
ce que l'oreille n'a pas entendu,
ce qui n'est pas monté au cœur de l'homme,
tout ce que Dieu a préparé
pour ceux qui l'aiment.

D'après la 1re épître aux Corinthiens 2, 9

L'aspiration de notre cœur

Du fond de notre cœur, nous désirons rencontrer Dieu. L'Esprit Saint, qui « intercède pour nous en des gémissements ineffables » (Romains 8, 26), attise ce désir, qui est en nous, mais dont nous sommes souvent coupés, tant nous sommes pris par les soucis quotidiens. Prier signifie alors : prendre en compte tout ce qui est en nous et désirer ce Dieu d'amour, car lui seul peut assouvir notre désir. « Si tu ne veux pas interrompre la prière, alors ne cesse pas de désirer » (Augustin). Lorsque, dans la prière, nous nous ouvrons au désir de notre cœur, nous sentons que nous ne sommes pas seulement en lien avec la terre, mais aussi en lien avec le ciel. Nous, êtres humains, sommes dès à présent en Dieu.

Je te remercie pour chaque instant

DIEU DE TOUTE BONTÉ, je te remercie
pour tout ce que tu m'as donné,
pour toutes les capacités offertes.
Tu m'as donné ce corps,
qui abrite mon âme,
et où, toi-même, tu demeures.
Grâce à ce corps, je peux être heureux, aimer,
mais aussi travailler et faire du sport.
Tu m'as entouré d'êtres pleins de bonté…
Tu m'as toujours envoyé, au bon moment,
la personne qui pouvait m'aider,
qui est devenue un ange pour moi,
et qui s'est toujours trouvée sur mon chemin.
Tu m'as, toi-même, accompagné
sur ce chemin,
même si, parfois, je ne le sentais pas,
certainement parce que je n'étais pas
dans l'ouverture.
Je te remercie pour chacun de ces instants.
Car tu es auprès de moi à chaque instant.
Tu as toujours quelque chose à m'offrir :
des rencontres qui me touchent,
des paroles qui m'indiquent le chemin,
un regard qui ouvre mon cœur.

Je te remercie,
de m'avoir créé tel que je suis,
unique et singulier.
Tu m'as donné une mission particulière
en ce monde,
un message divin, que je suis le seul
à pouvoir transmettre.
Je te remercie pour cette vie,
pour tous ces instants où je peux
respirer, sentir, aimer et me réjouir.
Je te remercie d'être auprès de moi
et de m'accepter sans condition.
Je te demande
de me permettre de traverser la vie
en disant mille mercis,
et de pouvoir, grâce à cette reconnaissance,
ouvrir les yeux de ceux qui m'entourent
sur le mystère de la vie.
Amen.

Transforme mes doutes en confiance

DIEU MISÉRICORDIEUX, j'aspire à aborder
la vie plein de confiance.
Mais je ressens souvent méfiance et peur.
Je voudrais tant avoir foi en toi.
Pourtant, j'ai parfois des doutes,
et je perds confiance.
Transforme mes doutes en confiance,
qui me fera croire en ta parole
et en ta présence aimante et salvatrice.
Donne-moi cette confiance également
lorsque je me trouverai devant des difficultés
sans savoir comment en sortir.
Laisse-moi croire
que je suis dans la main de Dieu,
que cette main me protège
et me montre le chemin
que je dois suivre.

Fais aussi en sorte que j'aie confiance en moi.
Je doute souvent de moi et j'ai peur
de ce que les autres pourraient penser de moi.

J'aimerais tellement être sûr de moi
et donc ne pas craindre
le jugement des autres.
Mais je ne veux pas non plus me placer
au-dessus des autres.
J'aimerais tout simplement pouvoir
être celui ou celle que je suis,
être libre de toute pression,
n'avoir rien à prouver aux autres.

Donne-moi aussi de pouvoir faire confiance
même à ceux qui ont abusé de ma bonne foi.
Permets-moi de pouvoir, malgré tout,
croire en la bonté de leur fond.
Que ma confiance puisse aussi relever
celui qui doute de tout,
qu'elle puisse créer autour de lui un espace
dans lequel il se sente accueilli,
et où il puisse s'épanouir.
Tu me fais toi-même confiance
et tu crois aussi en ceux qui vivent avec moi.
Amen.

Être tout simplement là, devant toi

DIEU DE TOUTE BONTÉ, Dieu de la liberté,
je sais bien que je suis souvent
obsédé par moi-même
et que je m'enferme dans mes problèmes.
Pour tout ce que je fais, je me demande,
si c'est assez bien,
si cela me sera utile.
Quand je prie, je songe aux mille choses
que j'ai justement à faire.
J'aimerais pouvoir lâcher prise quand je prie,
pouvoir être tout simplement là, devant toi,
et sentir ta présence.
J'aimerais être libéré de cette tendance
à tout rapporter à moi et à tout juger.
Fais en sorte que je puisse
tout simplement être là,
sans avoir à me demander
si je suis encore loin de toi.
J'aimerais bien pouvoir m'oublier
lorsque je prie
afin que ne compte que ta seule présence.

Mais je connais mes manques.
Mon ego, qui ramène tout à lui,
qui juge tout,
qui essaie toujours d'atteindre un objectif,
– même dans la prière –,
qui vient toujours me déranger
et s'interposer entre toi et moi.
Aussi, je te prie de me donner la capacité
d'abandonner entre tes mains
tout ce qui m'agite,
les jugements que je porte
et moi-même aussi.
Je sens que cet oubli de moi-même
me libère.
J'aimerais tout simplement
être devant toi et en toi.
Ainsi, ton amour
deviendra la seule réalité
digne de ce nom.
Amen.

Chanter tes louanges avec les anges

DIEU ÉTERNEL et tout-puissant,
« je te chante en présence des anges »
(Psaume 138, 1).

Les psaumes m'ouvrent les yeux
sur le mystère de notre prière
et de notre chant.
Nous ne prions pas seulement pour nous.
Nous ne remplissons pas notre
devoir religieux.
Nous participons plutôt à l'office divin céleste,
aux chants de louange des anges,
qui entourent ton trône et
qui chantent le Dieu trois fois saint.
Avec les anges, j'aspire à voir,
ton visage dans ma prière.

Souvent, lorsque je prie, je pense à moi
et ne considère que mes problèmes.
Donne-moi de partager
le regard des anges qui unifie tout.
Les anges se fondent dans leurs louanges
et ne visent que ta glorification.

Permets-moi de prendre part
aux louanges des anges,
afin que je puisse m'oublier moi-même
et ne voir que toi, le créateur de l'univers,
toi qui portes tout
et qui es présent ici et maintenant.
Si je te loue – comme les anges –
d'un cœur qui ne connaît pas la division,
je serai, conformément à ma nature,
une créature qui te doit son existence.
Si tu es au centre de tout,
je pourrai aussi – je l'espère –
trouver mon centre et, alors, le ciel
s'ouvrira sur le monde qui m'entoure.
Ce monde retrouvera son ordre.
Laisse-moi donc chanter tes louanges
avec les anges
Et donne-moi un peu de leur légèreté.
Amen.

J'ai des difficultés à m'accepter

DIEU MISÉRICORDIEUX,
j'ai tant de difficultés à m'accepter.
Tant de choses me dérangent en moi :
mon impatience, mon agitation,
ma superficialité, ma susceptibilité.
Je te présente tout ce qui m'agace en moi.
Je sais que tu m'acceptes sans condition.
Tu ne me juges ni ne me condamnes.
C'est moi qui suis si
intransigeant avec moi-même.
C'est plutôt, d'ailleurs,
le juge intérieur en moi,
que j'ai bien du mal à faire taire.
Je te présente mon impuissance,
et je sais que tu m'acceptes
et que cela est plus fort
que mon incapacité à m'accepter.
Je te présente mes mains vides.
Tu vas combler ce vide par ton amour.
Tu m'acceptes avec tout
ce que je suis incapable d'accepter.

Je sais que tu m'acceptes,
et pourtant j'ai des difficultés à le croire.
J'aimerais parfois te cacher les facettes
de ma personnalité,
que je ne veux pas voir moi-même.
Mais, cette fois, je veux tenter de le faire.
Regarde donc ! Au creux de mes mains,
se trouve ma vérité et je te la présente.
Regarde mon cœur !
Je ne veux pas te le fermer.
Je te laisse plonger ton regard
dans les abîmes de mon âme,
afin que, dans sa grande bonté,
il me transforme.
Ton amour, qui me traverse tout entier,
me donne la force
de me considérer moi-même
avec bienveillance.
Je trouve alors le courage
d'être bon envers moi-même
et de croire en ton amour inconditionnel.
Je peux donc, grâce à cet amour, aimer celui,
que je suis devenu.
Amen.

Ma conscience m'accuse

DIEU DE TOUTE BONTÉ,
ma conscience m'accuse.
En moi résonnent les nombreux reproches que je m'adresse.
Je me reproche sans cesse quelque chose.
Ce qui est dit est dit, ce qui est fait est fait,
il n'y a pas de retour en arrière possible.
Et je veux cesser,
de m'accuser moi-même.
Je renonce également
à m'expliquer et m'excuser.
En effet, je vois bien qu'il me faut sans cesse
chercher à me justifier
pour me sentir irréprochable.
Je te présente tout simplement
ce qui est en moi.
Je l'abandonne à ton jugement,
dans l'assurance que tu accepteras tout,
même le mal dont je me sens coupable.
Je te tends mon cœur comme il est,
sans essayer de réprimer
les sentiments contradictoires
qui surgissent en moi.

Je te présente même ma déception.
Elle aussi m'ouvre un chemin vers toi.
Elle me montre, en effet, que je ne peux pas
bâtir sur moi-même ni sur mes sentiments
mais seulement sur toi,
toi qui es le seul fondement de ma vie.
Car, devant toi, il n'est nullement
besoin de s'autocensurer.
Sous ton regard aimant,
toute négativité perd de sa puissance en moi.
Elle est certes encore présente,
mais je ne suis plus sous sa coupe.
Lorsque j'abandonne, devant toi,
toute protection,
je trouve vraiment le calme.
Alors mon cœur cesse de m'accuser.
M'apparaît en cet instant,
ce qui est dans l'Écriture :
« Si notre cœur nous condamne,
Dieu est plus grand que notre cœur,
et Il connaît tout » *(Première épître de Jean 3, 20).*
Amen.

Pourquoi ces souffrances ?

DIEU MISÉRICORDIEUX et tout-puissant,
je ne comprends vraiment pas,
pourquoi tu m'as imposé ces souffrances.
J'ai pourtant toujours essayé,
de suivre tes commandements,
de prier et de vivre en m'inspirant
de l'Esprit de Jésus-Christ.
Pourquoi ne m'as-tu pas évité
cette souffrance ?
Tu es pourtant tout-puissant !
Pourquoi ne m'as-tu pas,
dans ta grande miséricorde,
protégé de la douleur.
Je sens en moi la tentation,
de me fermer à toi :
« Tout cela n'a aucun sens. »
« T'adresser des prières ne servira à rien. »
« Il arrivera de toute façon,
ce qui doit arriver. »
Mais je ne veux tout de même pas
t'abandonner.
Mon histoire avec toi a trop
d'importance pour moi,
et je ne peux t'abandonner et
m'éloigner de toi.

Je me comporte comme les juifs pieux,
qui t'accusent, mais qui ne peuvent
cesser de s'adresser à toi dans leur souffrance.
Ainsi, je crie, moi aussi, ma souffrance.
Écoute-moi et adoucis ma peine.
Ne cache pas ton visage devant moi !
Envoie-moi ton Esprit Saint,
afin que je ne renonce pas
et que je puisse continuer mon chemin.
Montre-toi à moi
dans ta bonté et dans ta miséricorde.
Transforme ma souffrance,
et à travers mes larmes,
je te reconnaîtrai comme celui
qui ne m'a jamais abandonné,
celui qui m'a toujours accompagné
sur mon chemin.
Amen.

J'ai peur

SEIGNEUR, j'ai peur.
J'aimerais te faire confiance.
Mais quand la peur m'assaille,
j'ai l'impression que tu n'es plus là.
Que dois-je faire, quand je suis
dominé par la peur ?
Tu es mon refuge.
Que veux-tu me dire, quand j'ai peur ?
Ai-je placé la barre trop haut ?
Ai-je perdu toute mesure ?
Tu veux donc me faire comprendre
que je ne dois pas présumer de mes forces.
Je te présente mes peurs et te prie :
Fais-moi comprendre ce que tu as voulu
me dire par cette peur.
Mais donne-moi un appui fort,
pour que je ne me laisse pas envahir
par cette peur.
Puisses-tu me servir de fondement solide,
et ma peur ne pourra pas détruire
l'édifice de ma vie.
J'ai déjà beaucoup réfléchi à mes peurs.
J'en ai parlé avec d'autres personnes.
Malgré tout, je ne peux pas m'en libérer.

Je peux donc, submergé par la peur,
trouver refuge auprès de toi.
Je sais que tu ne vas pas l'effacer,
en un clin d'œil
et d'un coup d'éponge.
Mais je crois fermement que,
me voyant envahi par la peur,
tu m'enverras ton ange
qui la transformera.
Envoie-moi ton Esprit, donne-moi des forces
et conduis-moi à cet espace intérieur
auquel la peur n'a pas accès,
car elle y est dénuée de tout pouvoir.
Accompagne-moi dans cet espace
de sérénité intérieure
jusque dans les tréfonds de mon âme,
encore dominés par la peur.
De plus en plus d'espaces sont emplis
de ta confiance, de ta lumière et de ta clarté,
lorsque tu y entres avec moi.
Reste auprès de moi quand je suis
dans l'angoisse
et transforme cette angoisse.
Amen.

Malade, je viens vers toi

DIEU DE SAINTETÉ,
tu es le véritable médecin
de l'âme et du corps.
Malade, je viens vers toi.
Je pensais que j'étais en harmonie
avec mon corps.
Pourtant, je suis tombé malade.
Je me déçois moi-même.
Je suis furieux, car cette maladie
me met les bâtons dans les roues.
Il me faut, maintenant, décommander
mes rendez-vous.
Je vais devoir renoncer à bien des projets.
Pourquoi suis-je atteint par cette maladie ?
Ai-je fait des erreurs ?
Y a-t-il quelque chose que je n'ai pas perçu ?
Cette maladie est-t-elle porteuse
d'un message ?

Dieu miséricordieux, je renonce
à rechercher les causes de ma maladie.
Je ne sais pas pourquoi elle m'a atteint.
Mais je te demande,
de m'assister dans ma maladie.

Soigne mes blessures.
Que ton esprit et ton amour salvateurs,
soient un baume pour mes blessures,
afin qu'elles cicatrisent.
Donne-moi, dans ma maladie, les forces
qui me permettront de la supporter
et d'en faire le chemin qui me mènera
à mon véritable moi.

Je sens bien que je me rebelle contre toi.
Mais je tiens tout de même à toi.
Je ne me détache pas de toi dans la maladie.
J'aimerais savoir qui tu es.
Tu te montres, dans ma maladie, différent
de ce que tu étais jusqu'à présent.
Mais, je crois fermement
que tu ne m'abandonneras pas,
que tu me montreras un nouveau visage,
un visage insaisissable,
mais, pourtant, celui d'un Dieu qui m'aime.
Amen.

Prières de bénédiction

Le Dieu tout-puissant m'est apparu.
Il m'a béni et m'a dit :
« Je te rendrai fécond et te multiplierai. »

D'après la Genèse (1er Livre de Moïse) 48,4b-4a

Que Yahvé te bénisse et te garde !
Que Yahvé fasse pour toi rayonner
son visage et te fasse grâce !
Que Yahvé te découvre sa face
et t'apporte la paix !

Nombres (4e livre de Moïse) 6, 24 –26

Communiquer notre bénédiction aux autres

Lorsque nous regardons en nous-mêmes, nous ne tombons pas seulement sur les cendres de nos espoirs déçus, mais sur les braises de l'amour. Prier signifie : sentir à nouveau les braises de l'amour divin et se laisser réchauffer et raviver par ces braises, puis transmettre cette chaleur aux autres.
Prier signifie : entretenir le feu en nous, afin que les étincelles jaillissant de ce feu divin atteignent les personnes avec lesquelles nous avons des contacts et tous ceux que nous aimons.

Bénédiction pour l'époux ou pour l'épouse

Dieu miséricordieux,
bénis mon époux (mon épouse)
et pose ta main protectrice sur lui (elle).
Je te remercie d'avoir placé
cette personne à mes côtés.
Merci de pouvoir partager sa vie.
Cet être humain est une véritable
bénédiction pour moi.
J'ai tellement reçu par sa présence.
Alors, je t'en supplie :
Envoie-lui ton Esprit Saint.
Par ton Esprit, permets-lui de trouver le lien
avec la source d'amour qui,
au fond de son cœur,
ne tarit jamais, parce qu'elle est divine.
Laisse-le (la) boire à cette source,
même si l'amour parfois faiblit.
Permets-nous de croire tous les deux
à cette source d'amour
qui nous lie l'un à l'autre au plus profond
de notre cœur.

Bénis l'amour que nous avons
l'un pour l'autre.
Que cet amour puisse s'approfondir
et nous faire participer
à l'amour divin qui afflue en nous.
Bénis son travail,
afin que ce travail lui apporte de la joie
et qu'il soit une bénédiction pour les autres.
Accompagne-le (la) sur son chemin,
ainsi il (elle) se sentira protégé(e)
et percevra ta présence aimante
à chaque instant.
Offre-lui la paix intérieure
pour qu'il (elle) se sente en accord
avec lui (elle)-même
et qu'il (elle) suive son chemin
en toute confiance
quant à l'avenir.
Bénis aussi notre avenir commun,
fais en sorte que nous soyons un soutien
l'un pour l'autre
et que nous nous tenions en éveil
et dans l'ouverture
pour ce que tu attends de nous
et pour la bénédiction
qui doit émaner de notre couple.
Amen.

Bénédiction pour les enfants

DIEU BON ET MISÉRICORDIEUX,
je te remercie pour les enfants,
que tu nous as donnés.
Chaque enfant est unique.
Parfois, je ne comprends pas,
ce qui se passe en chacun d'eux.
Et parfois, je me sens dépassé,
lorsque je suis trop préoccupé.

Bénis mes enfants et accompagne-les
sur les chemins qu'ils prendront,
afin qu'ils se sachent protégés
toujours et partout.
Pose ta main pleine de bonté sur eux,
pour que mûrissent et s'épanouissent en eux
les talents que tu leur as donnés.
Protège-les des dangers, des faux amis
et des influences négatives.
Donne-leur assez d'intuition
pour qu'ils trouvent leur vérité profonde
et soient conscients de leur valeur personnelle.
Que les talents dont tu les as comblés
deviennent une bénédiction pour eux-mêmes
et pour ceux qui les entourent.

Donne-moi aussi assez de confiance,
pour laisser libres les enfants,
car je serai sûr qu'ils ont ta bénédiction.
Tu étends ta main au-dessus d'eux.
Tu prends soin d'eux.
Tu les mettras sur le bon chemin,
même lorsqu'ils ne comprendront plus
ce que j'aimerais leur transmettre.
Je suis donc confiant,
car je sais que tu bénis mes enfants
et qu'ils suivront leur chemin, bénis par toi.

Ouvre-moi les yeux,
fais-moi comprendre combien ils sont
une bénédiction pour moi.
Puissions-nous être tous
une bénédiction les uns pour les autres.
Amen.

Bénédiction pour les jeunes gens

DIEU DE MISÉRICORDE, bénis
les jeunes gens
durant leurs études et leur formation.
Ils se présentent à toi avec leurs soucis
et leurs angoisses,
les blessures qui les ont marqués.
Ils commencent souvent leur journée
avec ces paroles :
« Dépêche-toi, sinon tu seras en retard ! »
« Quel désordre dès le matin ! »
Il leur faut ensuite exprimer leurs problèmes
liés à l'école et à leurs études.
Leurs professeurs ou leurs éducateurs
s'aperçoivent souvent
qu'ils ne se sentent pas bien chez eux,
qu'ils ne peuvent pas surmonter
leurs déceptions
ou les troubles de leur vie intérieure.

Bénis les jeunes gens, comble leurs besoins
en amour, et compréhension,
en sécurité affective,
en clarté et en paix intérieure.
Donne-leur la joie de vivre,
l'espoir en un bel avenir,
la possibilité d'être ouverts à la vie
et aux autres êtres humains.

Puissent-ils faire preuve de compréhension
les uns à l'égard des autres.
Console-les quand ils se sentent
blessés et délaissés.
Donne-leur des forces quand ils se sentent
faibles ou en situation d'infériorité.
Ils ressentiront désormais, grâce à toi,
toute la valeur qu'ils ont à tes yeux,
parce que tu acceptes et aimes
chacun d'entre eux.
Fais émerger, grâce à ta bénédiction,
tout le positif que tu as mis en eux.
Donne-leur une solide assise intérieure,
ainsi que la capacité de s'assumer
et de trouver leur place dans la vie.

Bénis toutes ces femmes et tous ces hommes,
éducateurs et enseignants,
afin qu'ils reconnaissent en ces jeunes gens
des enfants bénis de Dieu.
Eux aussi deviendront
une bénédiction pour ces jeunes
et feront éclore le meilleur en eux.
Amen.

Bénédiction pour les collègues de travail

DIEU DE MISÉRICORDE,
avant de me rendre à mon travail
je t'adresse une prière pour mes collègues.
Je me réjouis d'en voir certains,
mais il y en a que je n'ai absolument
pas envie de voir.
Quelques-uns me font même peur.
Je te demande de tous les bénir.
Tu les aimes tous.
En chacun d'eux jaillit ton étincelle divine.
Ils sont tous frères ou sœurs de Jésus,
et je peux reconnaître en eux son visage.
Rappelle-moi, chaque fois
que je les rencontrerai,
que tu les as bénis et que je me trouve
en présence de personnes
qui reçoivent ta bénédiction et ton amour.
Cela changera mon regard sur eux.

Bénis cette collègue,
car elle ne va pas bien en ce moment.
Je sens qu'elle a du mal
avec elle-même, avec tout ce qu'elle a
à gérer chez elle et tout ce qu'on exige d'elle.

Étends ta main sur elle,
afin qu'elle ne se sente pas seule
et qu'elle soit reliée à sa force intérieure.

Bénis ce collègue qui se fuit lui-même,
qui est si imprévisible dans ses réactions,
parce qu'il essaie d'échapper à son propre chaos intérieur.
Donne-lui la paix intérieure ;
ainsi il pourra s'accepter, d'une part,
et, d'autre part, il n'aura plus besoin
d'extérioriser ses conflits internes
sur son lieu de travail.
Donne-lui ce à quoi il aspire au plus
profond de lui-même
et ce qui lui est nécessaire pour être
en accord avec lui-même.

Bénis tous mes collègues
et bénis notre travail,
pour qu'en émane aussi une bénédiction
pour les autres.
Bénis notre groupe et notre façon d'être ensemble et nous créerons un lieu tellement empli de ton esprit et de ton amour que cela sera visible et perceptible pour bien des personnes.
Amen.

Bénédiction pour les malades

MON DIEU,
toi seul peux panser nos plaies.
Tu es le véritable médecin pour notre corps
et pour notre âme.
Bénis mon ami(e) malade, mon père
ou ma mère malade…
Bénis les malades auxquels je pense
en ce moment.
Je suis conscient de mon impuissance
à les aider.
Je ne trouve pas les mots.
J'ai peur de les blesser par mes paroles.

Aussi je te prie de les bénir.
Inonde-les de ta force de guérison.
Réchauffe-les de ton amour,
pour qu'ils se sachent entourés et en sécurité.
Que ton esprit leur apporte
la force de surmonter leur maladie,
et que ta lumière éclaire les ténèbres
qui sont en eux.

Père, je ne sais pas ce qu'il y a de mieux
à faire pour les malades.
Que ta volonté soit faite en tout.
Donne-leur du courage, fais qu'ils
ne se sentent pas seuls.
Rends-les lucides,
afin qu'ils voient dans leur maladie
un maître, qui les conduira
à la vie véritable et à l'essentiel.
Rends-les réceptifs à ta lumière,
tout se transformera alors en bénédiction,
la force comme la faiblesse,
la santé comme la maladie,
l'espoir comme le désespoir,
l'angoisse comme la confiance.
Qu'ils se sentent bénis en tout,
et que ta bénédiction se propage aussi
sur ceux qui leur rendent visite.
Que ces malades soient bénis,
Dieu de bonté et de miséricorde,
par le Père, le Fils et le Saint-Esprit.
Amen.

Prière de bénédiction pour les pauvres et les personnes isolées

DIEU DE TOUTE BONTÉ,
je suis confronté chaque jour
à la pauvreté
et à la souffrance des humains,
je mesure alors mon impuissance à les aider.
Les dons que nous faisons adoucissent
bien peu leur souffrance, leur solitude,
leur désespoir et leur pauvreté.
Ma prière ne doit pas remplacer mes actes.
Dis-moi, lorsque je prie,
ce que tu attends de moi.
Je te fais confiance et je sais que ma prière
ne sera pas vaine.

Je t'en prie, Dieu miséricordieux,
pense à ces personnes auxquelles nul ne pense,
à tous ceux qui se sentent abandonnés.
Donne-leur la preuve de ta présence.
Parle à leur cœur et fais-leur sentir ton amour.
Accorde-leur un regard,
car ils ont une grande valeur
et ils sont uniques à tes yeux.
Donne-leur du courage, quand ils ont
tendance à renoncer.

Dieu de toute bonté, bénis
les pauvres et les personnes isolées.
Puisse ta bénédiction les emplir
de richesse intérieure et puissent-ils
découvrir en eux le trésor
que personne ne pourra leur dérober.
Mais montre-leur aussi les moyens
de vivre dans des conditions dignes
et de maîtriser leur vie.
Envoie-leur des personnes capables
de les aider
et de leur communiquer des signes
de ta présence salutaire.
Amen.

Prière pour les morts

DIEU DE LA VIE ÉTERNELLE,
devant toi, les morts ne sont pas morts.
Ils sont morts dans ta gloire
et dans ton amour.
Ouvre leurs cœurs,
afin qu'ils ne se penchent pas
sur leurs défauts et leurs faiblesses,
mais qu'ils regardent ton amour,
dans lequel ils peuvent se sentir protégés
et acceptés comme ils sont.
Ton amour doit être plus fort
que l'autocondamnation et le mépris de soi,
si fort qu'ils se laisseront happer par lui.

Tu es bon, mon Dieu,
mais cette personne disparue me manque.
Je me sens si seul(e).
Réconforte-moi dans ma tristesse
et fais-moi sentir d'une manière nouvelle
l'aide et la proximité du disparu.
Je te remercie,
de m'avoir fait connaître cet être humain
avec lequel j'ai tant partagé.

Donne aux morts de contempler ta gloire
et de trouver, en toi, la paix éternelle.
Permets-moi de comprendre le message
qu'il (elle) m'a adressé par sa vie
et par sa mort.
J'aimerais bien, par ma vie,
apporter une réponse
à son passage sur terre et à sa disparition,
et ainsi pouvoir laisser mon empreinte
dans ce monde,
alors, je deviendrai une bénédiction
pour les autres.

Tu as béni cette personne décédée
lorsqu'elle était en vie.
Par son intermédiaire,
tu m'as également béni(e).
Permets donc qu'il (elle) devienne,
maintenant, dans sa mort,
une bénédiction pour moi
et pour bien d'autres.
Amen.

Bénir mon appartement

DIEU DE MISÉRICORDE,
tu es venu en notre demeure,
par ton fils, Jésus
et par lui, tu as élu domicile chez nous.
Alors, je t'adresse une prière
pour mon appartement :
Bénis les pièces de cet appartement.
Chasse les spectres et les mauvais esprits,
la discorde, la tristesse,
la paralysie intérieure et le froid.
J'aimerais, grâce à toi, me sentir chez moi
dans ces pièces
et croire que tu les habites avec moi
et que tu demeures en moi.
Si, toi, le mystère,
tu habites dans ma maison
je ne peux pas m'y sentir seul,
car, c'est toi-même qui en a fait un havre.

Bénis la pièce où je travaille,
pour que mon labeur répande,
lui aussi, ses bienfaits.
Bénis ma salle de séjour,
pour que j'y trouve le calme
et le repos après le travail.

J'y trouverai le bien-être,
et dans la solitude, je pourrai y être
tout simplement tel que je suis.
Accorde-moi aussi d'y partager
avec ma famille et mes amis
le bonheur d'être ensemble.
Bénis la cuisine. Tout ce qui y sera préparé
me revigorera, me donnera la santé
et la joie de vivre.
Bénis ma chambre et
j'y trouverai un sommeil paisible et réparateur
dans tes bras accueillants.
Bénis également mes rêves
pour qu'ils m'indiquent le chemin
et me laissent deviner ce qui est
essentiel à ma vie.

Protège donc toutes les pièces
de mon appartement,
tiens-toi près de moi,
ta proximité me reliera à moi-même
et me rapprochera de ma famille.
Amen.

Bénir le repas pris en commun

DIEU MISÉRICORDIEUX,
tu nous as prodigué tant de largesses,
dans ta création.
Bénis ces mets
que nous pouvons déguster ensemble.
Bénis le cercle que nous formons
et notre joie d'être ensemble
pour profiter de ta générosité.
Par ton esprit et ton amour,
nous resserrons nos liens.
Répands tes bienfaits sur notre communauté
pour que nous apprenions à nous accepter
tels que nous sommes
et à accorder aux autres
ce qui leur est nécessaire
sur le chemin de la vie.

Bénis ces mets
afin qu'ils nous donnent de l'énergie
pour affronter les aléas de la journée,
et qu'ils renforcent notre santé.
Fais-nous intensément apprécier la vie
et notre joie d'être avec toi.
Encore merci, mon Dieu,
pour toutes ces largesses.

Merci d'être un Dieu de la vie,
qui nous permet de savourer ces mets.
Nous les apprécions et y reconnaissons
ta bonté, ton attention
et ton amour pour nous.
Tes largesses nous rappellent
que tu nous aimes tendrement.
Elles laissent dans notre cœur
un goût agréable.

Donne-nous de rayonner,
de répandre autour de nous
le bon goût de la vie
et de gratifier les autres de ta présence
lumineuse et salutaire.
Amen.

Bénédiction du soir

DIEU DE BONTÉ ET DE MISÉRICORDE,
ce soir, je te demande de bénir
toutes les personnes
que j'ai rencontrées aujourd'hui.
J'ai bien senti que certaines
trouvaient la vie difficile
et qu'elles n'avaient pas le sentiment
de vivre avec ta bénédiction.
Étends maintenant ta main au-dessus d'elles
et bénis leur soirée et leur nuit.
Envoie-leur des rêves qui les comblent de joie
et les assurent que ta lumière les entoure,
que ton amour les inonde.
Que ces rêves bienfaisants transforment
la lourdeur, les ténèbres,
l'angoisse et la solitude.
À la fin de cette journée, je te demande aussi
de bénir tout ce que j'ai commencé à faire
aujourd'hui.

Les paroles prononcées, les décisions prises
seront, grâce à toi, une bénédiction
pour moi et pour ceux qui m'entourent.
Bénis mon sommeil, pour que j'y trouve
le repos après cette journée chargée.
Mes rêves m'immergeront
dans l'atmosphère bienfaitrice,
générée par ta présence,
et guideront mon action pour le jour suivant.
J'aimerais me laisser tomber dans tes bras,
me confier à toi sans retenue,
afin que tu mènes toute chose à bonne fin.
Bénis aussi cette soirée et cette nuit
pour tous ceux qui ont peur
de la nuit et de l'obscurité
qui les entoure alors.
Bénis leur nuit et elle leur sera bénéfique
et salutaire,
car ta lumière y sera plus intense
que toutes les forces obscures.

Répands donc tes bienfaits sur cette soirée
et cette nuit,
qui va maintenant tomber sur le monde,
et donne-nous la paix.
Amen.

Prière du matin

DIEU BON ET MISÉRICORDIEUX, bénis
cette matinée que tu m'as offerte.
Elle doit devenir un jour de salut,
un jour qui m'apportera des bienfaits,
comme à tous ceux qui m'entourent.
Cette journée portera aussi des fruits
qui n'auront rien d'éphémère.
Bénis-moi et bénis
tout ce que j'entreprendrai aujourd'hui,
tout ce que je toucherai et transformerai.
Métamorphose mon travail
en bénédiction pour les autres.
Et moi-même, il me faut devenir
source de bénédiction
pour tous ceux que je rencontrerai en ce jour.

Bénis tout le monde autour de moi.
Bénis ma famille, mon époux (mon épouse),
mes enfants, mes amis.
Bénis avant tout ceux qui ont des difficultés
et qui n'ont pas conscience de tes bienfaits,
car ils se sentent plutôt maudits.
Ils portent, en effet, tant de paroles
blessantes dans leur cœur
qui les empêchent d'entendre
ton message d'amour.

Étends sur eux ta main
chargée de bénédictions,
elle chassera toutes les paroles négatives
et leur donnera la certitude
que leur vie porte des fruits.
Bénis leurs pas, ils apporteront la paix.
Bénis leurs actes et leurs paroles,
le temps où ils travaillent et celui
pendant lequel ils se reposent.
Répands tes bienfaits sur toutes les pièces
de mon appartement.
Chasse toute la négativité
qu'elles pourraient contenir,
les restes de conflits non résolus.
Bénis les pièces où je travaille
et mon travail sera bénéfique pour tous.
Bénis tous les endroits
où je me tiendrai aujourd'hui
et tous ceux qui y entreront seront entourés
par ta bénédiction, leur cœur s'ouvrira
et ils sentiront tes bienfaits.

Accompagne-moi et sois auprès de tous ceux
auxquels je pense, en ce moment.
Amen.

Prières du cycle liturgique

Et le Verbe est devenu chair,
et il a séjourné parmi nous.
Et nous avons contemplé sa gloire,
gloire comme celle que tient
de son Père un Fils unique,
plein de grâce et de vérité.

Évangile selon saint Jean 1, 14

L'année liturgique

L'année liturgique nous introduit au mystère de l'Incarnation. Les différentes fêtes sont la manifestation des divers aspects de notre âme, elles nous permettent d'accéder à sa richesse et exposent tous ses angles à la lumière de la rédemption par Jésus-Christ.
Lors des fêtes, nous perçons de plus en plus le mystère de notre guérison et de notre rédemption. Ainsi, si nous suivons le cycle liturgique, nous sommes confrontés, chaque année, et donc de manière renouvelée, aux différentes facettes de notre être profondément humain. En conséquence, nous avançons, d'année en année, dans le processus de la guérison intérieure.

Bénédiction de la couronne de l'Avent

DIEU BON ET MISÉRICORDIEUX,
bénis cette couronne,
pour qu'elle nous accompagne
en ce temps d'attente et d'espoir.
Puisse-t-elle affermir notre foi
et nous serons sûrs de pouvoir
réussir notre vie,
de pouvoir, en ce début de l'année liturgique,
réparer ce qui a été brisé.

Les bougies de cette couronne éclairent
et réchauffent autant notre maison
que notre cœur.
Cette lumière consolatrice brille
dans nos cœurs
et efface la dureté et le désespoir
qui l'habitent.
La lumière de ces bougies chasse
de cette maison
la haine et la discorde
et l'emplit d'amour et d'espoir.

Nous souhaitons que ce temps de l'Avent
opère des métamorphoses dans notre maison,
qui deviendra un véritable havre de paix.
Par cette lumière qui brille sur cette couronne,
rappelle-nous que tu habites, toi-même, ici.
Nous ne pouvons nous sentir chez nous
que là où demeure le mystère.
C'est toi, mystère infini et ineffable,
qui fais de notre maison un havre
où nous aimons vivre.

Bénis donc cette couronne de l'Avent
et protège les habitants de cette maison,
qui voient scintiller la flamme des bougies,
Dieu bon et miséricordieux,
par le Père, le Fils et le Saint-Esprit.
Amen.

Je sens naître en moi un désir

DIEU DE MISÉRICORDE,
voilà que commence
le temps de l'Avent.
Je sens naître en moi le désir profond,
de vivre intensément ce temps.
Je me souviens avec tendresse
des dimanches de l'Avent de mon enfance.
Mais, ces dernières années, j'ai souvent laissé
passer cette période sans lui accorder
autant d'importance.
Je ne prenais pas le temps
de m'asseoir tranquillement
et d'attendre ton arrivée.
Il me faut d'abord parvenir à me retrouver
pour pouvoir accueillir ta venue.

Je sais que je ne pourrai jamais retrouver
les sentiments de mon enfance.
Mais je te prie d'éveiller en moi
le désir de te rencontrer.
Relie-moi à l'aspiration profonde
de mon cœur,
à ce désir d'amour et de lumière,
ce désir de sécurité affective
et cette aspiration à retrouver la terre natale,
à retrouver plus de lucidité et d'authenticité,

à voir « ce qu'aucun œil n'a vu et
ce qui jamais n'a pénétré dans le cœur
de l'homme. »
Montre-moi que cette soif ne peut être
étanchée par aucun être humain,
que cette faim ne peut être
calmée par aucune nourriture terrestre,
mais bien par toi seul.

Ouvre assez grand mon cœur,
pour qu'il puisse t'accueillir
et donne-moi de trouver une profonde sérénité,
alors, je pourrai percevoir ta présence
au fond de mon cœur.
C'est cette présence vécue
qui fera advenir l'Avent en moi,
il sera le signe de ta venue dans mon cœur.
Quand je serai dégagé
de tout ce qui peut être superficiel,
je saurai qui je suis, là, devant toi.
En ce temps de l'Avent,
j'aimerais te trouver et me trouver,
afin que ta venue devienne pour moi
la source du salut.
Amen.

J'écoute les promesses

DIEU DE TOUTE BONTÉ,
j'aime chanter les cantiques de l'Avent
et écouter les promesses des prophètes.
Mais parfois ces textes ne font que m'effleurer,
ils ne me touchent pas vraiment.
Fais en sorte que tes paroles
atteignent mon cœur,
qu'elles l'ouvrent à la paix
que tu nous as promise,
à l'amour, qui, par toi, se répand sur terre,
au salut, que tu nous apportes
et à la sagesse, qui resplendit en toi.

Les promesses des prophètes
invoquent la venue d'un monde meilleur.
J'ai parfois l'impression torturante,
que le monde ne va pas fort.
Les plus forts exploitent les plus faibles.
Les humains vont de plus en plus mal.
Aide-moi à ne pas désespérer de ce monde,
à croire que tu lui tends ta main secourable
et que tu ne nous as pas oubliés.

Je garde confiance, je sais que tu prépares
pour notre monde un avenir de paix.
Rends visible ton action sur ce monde,
j'aimerais en être le témoin
et ainsi affermir ma foi !

Ce temps de l'Avent doit devenir,
pour notre société,
un temps annonciateur de salut.
Même si le message biblique de l'Avent
est devenu étranger à nombre
de nos contemporains,
fais briller dans leur cœur les bougies
allumées en ces jours.
Il faut que les images et les symboles
d'un autre temps les touchent.
Éclaircis le ciel chargé de ce monde,
verse ta rosée sur le sol aride de nos âmes.
Réconforte ceux qui ont besoin
de consolation
et qui restent inconsolés.
Que ta paix et ta justice s'épanouissent
sur notre terre,
par le Christ, notre Seigneur.
Amen.

Petit enfant, tu es venu à nous

DIEU TOUT PUISSANT,
tu as abandonné cette toute-puissance
et tu es venu à nous
comme un petit enfant sans défense.
Tu t'es fait tout petit pour nous,
pour nous faire perdre
notre folie des grandeurs.
Tu nous as offert, en Jésus-Christ,
ta vie divine,
afin que nous n'ayons plus besoin
de nous comporter comme des dieux.
Tu as apaisé nos désirs les plus profonds.
Ta divine immortalité a guéri et renforcé
notre fragilité humaine,
notre amour humain
a été comblé par ton amour divin.

Aide-moi à approfondir
le mystère de ta naissance,
à mieux comprendre comment
tu es né de la Vierge Marie,
pour que je puisse te faire naître en moi.

Lorsque tu nais en moi,
je retrouve mon être véritable,
et tu célèbres avec moi un nouveau départ.
Je ne reste plus fixé sur mon passé et
mes blessures ne constituent plus mon destin.
Avec toi, je repars à zéro.
En Jésus, tu as réalisé l'homme
tel que tu l'avais rêvé.
Par le truchement de Jésus,
tu aimerais que ce rêve
devienne réalité en moi.

Ouvre mon cœur à ton amour,
qui rayonne pour moi
dans cet enfant allongé dans la crèche.
Brise la carapace qui enferme mon cœur.
Fais-moi croire en ton amour
qui émane de cet enfant désarmé.
Il est plus fort que la puissance des armes.
Offre à ce bas monde la paix véritable,
par la naissance de ton Fils.
Amen.

Fragile et douce lumière

DIEU DE TOUTE BONTÉ,
ta lumière éternelle
a éclairé la nuit par cet enfant dans la crèche.
Laisse également poindre cette fragile
et tendre lumière au cœur de mes ténèbres.
Illumine les anfractuosités de mon être
assombries par la peur,
la tristesse et la solitude.
Comble-moi de l'amour qui rayonne
sur le visage de ton Fils.
Lorsque je doute de moi
et que, parfois, je suis déconcerté
par les humains et leur froideur,
la douce lumière prodiguée par le divin enfant
pénètre en moi et me réchauffe.
Cela me donne l'espoir que ton amour
est plus fort que la haine,
que ta lumière est capable
de percer l'obscurité.
J'aimerais que mon cœur
devienne une crèche pour ton Fils,
je connaîtrai alors la paix qui se dégage
de l'enfant né dans la crèche
et cette paix emplira mon cœur.

Lorsque le Christ naît en moi,
lorsqu'il envahit mon cœur, je peux connaître
un peu de la paix qui émane de lui.
Ce n'est pas une paix
que l'on conquiert par les armes.
La paix qu'il fait régner a sa source
dans un cœur débordant d'amour.
Et c'est avec un cœur plein d'amour
que je pense
à tous ceux qui sont seuls à Noël,
ou qui ont perdu un être cher
et se sentent solitaires.
Nombreux sont ceux qui, justement à Noël,
ont peur que leur vie soit un échec.
Ils se souviennent des nombreuses
veillées de Noël
où ils se sentaient aimés et entourés.
Le souvenir ne les console pas,
au contraire, il est cause de souffrance,
parce qu'aujourd'hui ne ressemble pas à hier.
Que ta douce lumière afflue en leur cœur,
qu'ils se sentent protégés par ton amour,
dans la conscience qu'au plus profond
de leurs ténèbres, leur apparaîtra ta lumière.
Amen.

Merci pour l'année écoulée

Mon Dieu, j'aimerais te remercier
pour tout ce que tu m'as apporté
au cours de l'année qui se termine.
Tu m'as accompagné
et tu as fait en sorte que
je ne m'égare pas.
Tu as rendu ma vie fructueuse.
Merci pour ces fruits qui ont mûri en moi,
et qui ont aussi pu nourrir les autres.

Si je jette un regard sur cette année passée,
me viennent à l'esprit tous les points négatifs.
J'ai souvent relâché mon attention
et j'ai vécu au jour le jour.
J'ai manqué de nombreuses
occasions de rencontre
et négligé de repenser ma relation aux autres.
J'ai même blessé certaines personnes,
parce que j'étais trop préoccupé
de moi-même
et donc peu enclin à comprendre
leurs difficultés.
Pardonne-moi tous mes échecs
et toutes mes défaillances.

J'ai confiance en ton pardon et je veux
enfouir tout ce qui me pèse, afin de pouvoir
renaître en cette nouvelle année.

Je pense aussi à tous ceux, qui,
l'année dernière
ont partagé ma vie ou ont croisé mon chemin.
Bénis-les pour qu'ils aient conscience
qu'ils sont indéfiniment accompagnés
par ta bénédiction.
Enseigne la gratitude à tous les êtres humains,
pleins de reconnaissance, ils te confieront
l'année qui vient de s'écouler
et entameront la nouvelle année
en toute confiance.
Amen.

Bénédiction pour la nouvelle année

DIEU DE BONTÉ et de miséricorde,
tu m'as offert de pouvoir vivre
une nouvelle année.
La nouveauté a une très grande
force d'attraction.
Jésus lui-même a parlé du vin nouveau,
qui va dans les jarres nouvelles,
de la nouvelle alliance
qu'il veut conclure avec nous,
du nouveau commandement
qu'il nous a donné, celui de l'amour.
Dans la nouveauté se trouve
la promesse de liberté
et de grandeur, d'ouverture et d'espoir.
Pourtant, la nouveauté
peut rapidement vieillir.
Elle est vite maculée de taches.
Et elle perd tout caractère innovant.

Bénis cette nouvelle année,
j'aimerais qu'elle m'ouvre
de nouveaux espaces.
Fais resplendir l'éclat originel de mon âme
donne-lui une nouvelle splendeur.
Préserve du trouble tout ce qui, en moi,
est neuf et intact.

Empêche-moi de retomber
dans mes anciennes erreurs.
Que tout en moi soit flambant neuf.
Je pense aussi à toutes ces personnes,
que je rencontrerai cette année.
Bénis toutes ces rencontres.
Je prie pour ceux qui ont peur
que l'année nouvelle apporte
son lot de problèmes.
Ils peuvent craindre de perdre leur emploi,
de ne pas pouvoir joindre les deux bouts,
de ne pas arriver à gérer leur vie.
Emplis leur cœur de confiance,
ils ne se sentiront alors plus abandonnés,
ils sauront que tu prends soin d'eux,
que tu leur enverras des personnes
qui les réconforteront et les soutiendront.

Bénis notre monde, protège-le
des guerres et des catastrophes.
Donne à tous les humains un cœur tout neuf,
un cœur empli d'amour et de paix.
Amen.

Une étoile est apparue

Mon Dieu, tu demeures dans une
lumière inaccessible.
Pourtant, ta gloire est apparue
au monde entier
dans cet enfant né dans une crèche.
Une étoile est apparue aux rois mages.
Sa lumière les a mis en chemin,
afin qu'ils te cherchent, te trouvent
et t'adorent.
Ils abandonnent tout et suivent
le chemin de leur cœur.
Ils prennent l'or, l'encens et la myrrhe,
l'or de l'amour,
l'encens de leur désir
et la myrrhe de leurs souffrances.
Ils arrivent, s'agenouillent
et tombent en adoration.
Cette adoration leur permet
de s'oublier eux-mêmes
et d'être tout à fait présents.
Leur désir est comblé.
Ils déposent leurs dons et reconnaissent
en cet enfant le roi
à qui ils offrent l'or,
le Dieu à qui ils apportent l'encens
et le médecin qui mourra pour eux
pour guérir leurs blessures.

C'est à lui qu'ils offrent
la myrrhe, une herbe médicinale du paradis
qui soigne toutes les blessures.

Souvent, je ne sais pas à quel point
de mon chemin
je me trouve, ni où il me conduit.
Et parfois, je suis fatigué
de devoir continuer à avancer,
j'aimerais m'arrêter et me reposer.
Fais briller une étoile
à l'horizon de mon cœur,
elle me permettra de continuer ma route
vers ce qui, seul, peut combler mon désir :
l'homme devenu Dieu,
l'enfant dans la crèche,
cet enfant qui a fait resplendir ta gloire.
Donne-moi de reconnaître
en cet enfant la sagesse,
qui me guidera sur le chemin
vers la vie véritable.
Enseigne-moi le secret de l'adoration :
m'agenouiller tout simplement devant toi,
m'oublier moi-même et oublier mes soucis,
parce que tu me touches.
Amen.

Je suis ton enfant bien-aimé

LA FÊTE DU BAPTÊME de Jésus me rappelle
mon propre baptême.
Lors de mon baptême,
tu as aussi prononcé ces paroles
au-dessus de moi :
« Tu es mon fils bien-aimé,
ma fille bien-aimée,
en toi, j'ai mis toute mon affection. »
Et par ces paroles, le ciel
s'est ouvert au-dessus de moi.
J'ai pu alors apprendre et comprendre
que tu me portais un amour inconditionnel.
Avant de me présenter
et d'accomplir une action quelconque,
je suis entièrement accepté de toi.
Cela me libère de l'obligation
de faire mes preuves,
de m'adapter partout afin d'être aimé.
Je désire donc vivre avec cette parole,
que tu as prononcée le jour de mon baptême.

Jésus est descendu dans l'eau du Jourdain
pour recevoir le baptême.
On m'a aussi versé de l'eau sur le front,
le jour de mon baptême.
La source de l'Esprit Saint continue
de jaillir en moi. Je peux y puiser
sans connaître l'épuisement.

Je crois fermement que je ne connaîtrai
ni la soif, ni le dessèchement.
L'eau du baptême a purifié
l'image brouillée que j'avais de moi-même,
les projections que les autres font sur moi
et les dégradations que j'ai moi-même causées
sur mon image originelle.

Permets-moi d'avoir confiance en ton Esprit,
d'être sûr qu'Il clarifiera
tout ce qui est trouble en moi,
et qu'Il rendra tout son éclat à mon âme.
Délivre-moi de la contrainte
de devoir faire mes preuves et de me justifier.
Tu m'as accepté sans condition.
Je voudrais vivre en toute conscience de cela,
droit et libre, afin que les personnes qui
m'entourent se redressent aussi
et découvrent leur inaltérable dignité divine.
Amen.

Mes yeux ont vu ton salut

C'EST UNE BELLE FÊTE :
la rencontre de l'enfant
avec les deux anciens,
Syméon et Anne.
Le divin enfant comble le désir
de Syméon, qui attend qu'Israël soit sauvé.
Et il fascine Anne, une femme
fort avancée en âge,
qui, ne s'écartant pas du Temple,
pratique le jeûne et prie sans cesse.
J'aime cette image qui montre
ce vieil homme,
tenant tendrement l'enfant dans ses bras
et entonnant ce cantique d'action de grâces :

« Maintenant, ô Maître,
tu peux congédier ton esclave,
selon ta parole, en paix ;
car mes yeux ont vu ton salut,
que tu as préparé à la face de tous les peuples,
lumière qui se révélera aux nations
et gloire de ton peuple Israël »
(Évangile selon saint Luc 2, 39-32).

Le jour de la présentation au Temple,
les fidèles entrent aujourd'hui dans l'église
en tenant des bougies allumées.

La lumière de Noël doit à présent
briller dans nos cœurs et nous aider
à supporter le quotidien parfois sombre.
Fais briller ta lumière dans mon cœur,
quand tout devient obscur autour de moi.
Permets-moi de garder confiance
et de continuer à croire
que cette lumière ne s'éteindra jamais,
même pendant les tempêtes de la vie.
Donne-moi la sagesse du vieux Syméon
et de la prophétesse Anne, avancée en âge,
et le voile se lèvera de plus en plus
sur le mystère de ma vie.
Je pourrai alors reconnaître dans mon cœur,
le salut que tu as préparé pour moi.

Ouvre grand mes yeux, pour que je voie
ton salut sur le visage des hommes
que je rencontre, dans les instants de silence,
quand mon cœur est touché
et que les paroles de l'Écriture
m'atteignent au plus profond.
Je porterai cette lumière sur les lieux
où je travaille et agis, afin que, là aussi,
resplendisse ta gloire.
Amen.

Donne-moi un espace de liberté

JE NE ME RÉJOUIS PAS tellement
de ce temps du carême ;
mais je sais que cela me fera du bien.
Alors, je t'en prie, mon Dieu,
fais en sorte que ce moment devienne
pour moi un temps de grâce,
un temps de purification intérieure
et de liberté.
Rends-moi capable de reconnaître,
de quelles dépendances je suis prisonnier.
Il faut que ce temps du carême soit
un temps d'exercice à la liberté intérieure.
Aide-moi à évacuer les émotions négatives,
l'amertume, la déception et la colère,
et sur les terres de mon âme
le grain de blé donnera des fruits.

Mon Dieu,
c'est toi-même qui nous offres
ce temps de carême,
qui nous prépare à Pâques, à une vie nouvelle,
qui n'attend que le moment d'éclore en nous.
Cette période doit être une occasion
de changement dans notre façon d'être
et de penser.

L'année dernière, j'ai laissé passer trop vite,
ce temps du carême.
J'aimerais, cette année, le vivre différemment,
changer mes habitudes,
changer ma vision des choses.
J'aimerais choisir une journée,
pendant laquelle
je jeûnerai et prierai consciemment,
pour quelqu'un en particulier.
Je ne prononcerai pas une prière
d'intercession rapide et distante.
Je veux jeûner pour cette personne,
pour qu'elle se sente bénie par toi.
Soumis au jeûne, mon corps me rappellera
cet être humain à chaque instant.

Mon Dieu, je confie cet être
à ta miséricorde, et il trouvera
ce dont il a besoin
pour avancer sur son chemin
et pour trouver la paix intérieure.
Emplis-le de ton Esprit,
afin qu'il découvre son véritable moi,
en harmonie avec son être profond,
mais aussi avec ta volonté.
Amen.

Ta Passion m'ouvre grand les yeux

SEIGNEUR JÉSUS-CHRIST,
tu as souffert pour nous.
Tu as aussi souffert pour moi.
Je ne sais pas, pourquoi tu as dû parcourir
ce chemin de croix.
Mais, là, je reconnais bien
ton amour pour nous,
que tu as prouvé jusqu'au bout.
Tu aurais certes pu fuir
devant ces hommes bornés.
Lorsque j'observe ta Passion,
je m'étonne de tout l'amour que tu me portes.
Tu as mis ta vie en jeu pour moi.
Tu t'es totalement donné
par amour pour moi.
J'ai donc, à tes yeux, une très grande valeur.
Aussi, en cette période qui précède Pâques,
Je contemple cet amour, qui, par la Passion,
m'envoie toute sa lumière.

Ta Passion m'ouvre aussi les yeux
sur ma propre souffrance et
sur la souffrance de ceux qui m'entourent.

Tu me montres un moyen d'accepter
tout ce qui m'arrive chaque jour.
Cela me fera pénétrer le mystère
de ton incroyable amour.
Je ne sais pas pourquoi je souffre et
je n'y réfléchis même pas.
Je te présente cette souffrance et te demande
de réparer ce qui est brisé en moi,
de préparer mon cœur à te recevoir
et de m'aider à trouver mon moi véritable.
Rends mon cœur attentif
à ceux qui m'entourent
et qui souffrent de problèmes personnels
ou que le sort a frappés.
Tu as traversé la Passion,
pour te trouver près de moi
en toutes circonstances,
même lorsque Dieu paraît absent.
Transforme ma douleur
et les souffrances présentes
partout dans le monde
en un lieu de grâce et d'amour
que rien ne peut détruire.
Amen.

Tu avances sur ton chemin comme un roi

Dimanche des Rameaux

SEIGNEUR JÉSUS-CHRIST, c'est en roi
que tu es entré dans Jérusalem.
Les habitants de la ville
t'ont acclamé. Pourtant,
après seulement quelques jours,
l'atmosphère a changé.
Tes détracteurs ont monté la foule contre toi
et contre le message que tu apportais.
Au cours de notre vie, nous connaissons aussi
l'approbation, puis la désapprobation.
Cela engendre des conflits et des disputes.
Nous sommes bien souvent
en présence d'adversaires
qui ne pensent qu'à s'opposer à nous.
Nous voulons t'accompagner sur ton chemin.
Nous voulons vivre
et comprendre cette expérience :
il y a en nous un royaume
qui n'est pas de ce monde,
et que ce monde ne peut donc pas nous dérober.
Ton chemin de croix, tu ne le parcours pas
en homme humilié ou offensé, mais en roi.
Tu restes roi, malgré les outrages
et les affronts les plus grands.
Apprends-moi à parcourir le chemin avec toi,
dans la conscience de ma royale dignité.

Après cela, je n'éviterai pas les souffrances,
même si les autres me ridiculisent
et m'injurient,
même s'ils me calomnient, ils ne pourront pas
me briser dans ma dignité.
Le royaume intérieur,
qui n'est pas de ce monde,
ne peut être détruit.
Enseigne-moi, Seigneur Jésus-Christ,
à me mettre en chemin avec toi,
afin que mon chemin, en passant par la croix,
conduise à la gloire.
Il ne s'agit pas seulement d'arriver à la gloire
après la mort, mais aussi de retrouver
l'éclat originel de notre âme,
celui dont tu l'avais dotée au commencement.
La lumière de Pâques doit rayonner
sur ma route,
traverser l'obscurité et le tourment,
m'aider à ne pas rester prisonnier en chemin,
mais à avancer courageusement
pour entrer dans la vraie vie.
Amen.

Tu m'as aimé jusqu'au bout

Jeudi Saint

SEIGNEUR JÉSUS-CHRIST,
la veille du jour où tu souffris,
tu nous as laissé ton amour en héritage.
Lors de la Cène,
les apôtres étant réunis autour de toi,
tu t'es donné à eux par le pain et le vin.
Tu as rompu le pain
en signe du sacrifice de ta vie.
Tu as été brisé et tu as donné ta vie pour nous,
pour guérir et réparer tout ce qui a été rompu
et brisé en nous.
Tu leur as tendu la coupe,
pour montrer que ton amour
se réalise pleinement dans la mort,
que tu verses ton sang pour nous.
« Personne n'a de plus grand amour
que celui qui livre sa vie pour ses amis »
(Évangile selon saint Jean 15, 13).

Donne-moi de jeter un regard neuf
sur le mystère de l'Eucharistie,
donne-moi de comprendre
que tu t'es donné pour moi,
et que je peux bâtir ma vie
sur ce sacrifice.

Après le repas, empli d'amour,
tu t'es rendu dans le jardin de Gethsémani.
Là, tes disciples t'ont laissé seul.
Ils ont dormi,
ils ne purent résister à la fatigue.
Tu as affronté seul la peur et l'impuissance,
la solitude et l'incompréhension.
Tu as lutté avec Dieu et, après ce combat,
tu nous as appris la prière :
« Père, que ta volonté soit faite ! »
Permets-moi de prononcer cette prière,
lorsque je ne comprends pas pourquoi
le sort, parfois, s'acharne sur moi.
Un ange vint pour t'aider à supporter la peur.
Envoie-moi aussi un ange,
quand la peur se fait trop forte
et que je ne peux pas la surmonter.
Que ton ange me donne du courage !
Que la prière m'aide à me redresser
et à continuer mon chemin !
Amen.

Tu me guéris de la blessure de la mort

Vendredi Saint

SEIGNEUR JÉSUS-CHRIST,
le Vendredi Saint nous célébrons
ta souffrance et ta mort sur la croix.
Comment pouvons-nous célébrer ta souffrance ?
Nous voyons sur la croix
celui qui a vaincu la mort.
Nous adorons cette croix,
car elle représente le salut du monde.
Elle est, pour nous, un signe d'espoir,
elle est la preuve que
même le pire instrument de torture
peut devenir symbole
de l'amour le plus grand.
Elle établit que la cruauté des hommes
ne triomphe pas,
et que ton amour est plus fort que toute la méchanceté humaine.
La croix met en évidence que tu aimes tout en nous, que ton amour
inonde toutes les contradictions qui agitent mon corps et mon âme.
Il n'y a rien en moi que tu n'acceptes.
Par la croix, tu me manifestes donc ton amour, tu me dis que rien ne pourra m'en séparer.
Toi-même, tu as rapproché la croix

du serpent d'airain, que les Israélites,
dans leur peur de la mort,
ont dû fixer dans le désert, pour être sauvés
de la mortelle blessure.
Sur la croix, tu es le médecin divin,
qui soigne nos blessures,
qui nous délivre du venin du serpent,
du venin de notre amertume,
de notre rancœur, de la vengeance
et de la jalousie.
Tu nous guéris aussi de la plus profonde des
blessures, de celle qui nous menace le plus,
celle de la mort.
Sur la croix, apparaissent nos blessures,
mais aussi le médecin qui saura les guérir.
Ainsi, le Vendredi Saint, nous célébrons
ton amour plus fort que la mort.
Tes bras écartés sur la croix font le geste
de l'amour qui étreint.
Tout en nous est touché par ton amour.
Tes bras en croix m'invitent
à trouver refuge dans ton amour.
Transforme ma croix
et toutes les croix du monde,
afin que ton amour y soit rayonnant.
Amen.

Tu as accepté de descendre jusqu'à moi et de te pencher sur ma part d'ombre

Samedi Saint

SEIGNEUR JÉSUS-CHRIST,
tu n'es pas mort que pour nous.
Toi aussi, tu étais mort. Tu as séjourné
trois jours dans le tombeau.
Le Samedi Saint,
nous nous souvenons de ta mort.
Tu es descendu au royaume des morts
et tu les as conduits vers la lumière.
Le Samedi Saint, tu es également
descendu dans le monde souterrain
où se cache ma part d'ombre.
Là, tu peux toucher et transformer le refoulé,
l'obscur et le chaos qui règnent en moi.
Tu prends dans ta main
tout ce qui est mort et figé
et tu l'éveilles à la vie.
Tu enfonces les portes du cachot.
Tu brises les chaînes,
qui me tiennent prisonnier,
et tu me mènes à la liberté.
Ainsi, dans cette prière, je t'expose ma vérité,
ce qui, en moi, a été opprimé, refoulé,
je t'expose mon désordre intérieur,
mes ténèbres,
et tout ce qui est mort et figé en moi.

Je crois fermement que tout ce que tu
effleureras en moi sera éveillé à la vie.
Tu es dans le tombeau,
pour que je puisse enterrer
toute la charge que je traîne derrière moi.
J'aimerais aussi enterrer mes blessures.
Je renonce à en faire un prétexte
pour ne pas assumer mes responsabilités
dans la vie.
Je renonce, à reprocher aux autres
leur comportement,
en prenant appui sur ces mêmes blessures.
Je me libère de tous les sentiments de culpabilité,
qui ne font que me ronger.
Je cesse de me faire des reproches,
car ils empoisonnent ma vie.

Seigneur Jésus-Christ,
enferme ce fardeau que j'aimerais enterrer,
dans ton tombeau et scelle-le.
Toute cette négativité doit y mourir,
afin qu'elle ne soit plus une charge pour moi.
Prends-moi par la main, aide-moi à me relever
et laisse-moi prendre part à ta résurrection.
Amen.

Envoie-moi l'ange de la Résurrection

SEIGNEUR JÉSUS-CHRIST ressuscité,
tu as brisé le pouvoir de la mort.
Tu es ressuscité et à présent,
tu es auprès de moi.
Par la force de ta résurrection,
donne-moi le courage
de sortir, moi aussi, du tombeau
de l'apitoiement sur moi-même,
de la peur, de l'obscurité et de la dépression.
Parfois, je préférerais rester dans ce tombeau,
même s'il y fait sombre et froid.
Cela me semble plus simple
que d'affronter la vie
et d'en subir les blessures.
Cependant, lorsque je dirige
mon regard vers toi,
j'éprouve le désir de me lever,
de secouer les chaînes,
qui me tiennent prisonnier.

Envoie-moi l'ange de la Résurrection,
pour qu'il roule aussi la pierre
qui ferme le tombeau,
parce qu'elle me bloque, m'empêche de vivre
et de sortir de moi-même.

Marie de Magdala t'a vu,
et tu l'as appelée par son nom.
Elle a réalisé que ta parole d'amour,
qu'elle avait entendue de ton vivant,
continuait d'exister après ta mort.
Elle ne peut être séparée de ton amour.
Donne-moi la certitude que, dans la mort,
je resterai dans ton amour,
que tu m'accueilleras, comme Marie de Magdala,
par une parole d'amour.
En cette fête de Pâques, je pense à tous ceux
qui ont peur de la mort.
Délivre-les de cette peur.
Je pense aussi à ceux qui n'arrivent pas à vivre
pleinement le temps pascal, car ils sont encore
enfermés dans le tombeau de leur dépression
et de leur tristesse.
Fais entrer en eux la lumière de la bougie pascale,
elle éclairera leurs ténèbres intérieures.
Que la force de ta résurrection les revigore,
pour qu'ils trouvent le courage de se relever
et de vivre, dans leur corps, la grandeur et la
liberté conférées par ta résurrection.
Donne-nous à tous de nous redresser
et de nous ouvrir à la vie.
Amen.

Tu es venu à notre rencontre

SEIGNEUR JÉSUS-CHRIST ressuscité,
tu es apparu à tes disciples
après ta résurrection.
Tu t'es montré aux pèlerins d'Emmaüs
qui se fuyaient eux-mêmes,
rongés par la déception.
Tu leur as parlé
et leur cœur est devenu tout brûlant.
Tu as rompu le pain avec eux
et ils te reconnurent.
Lors de l'Eucharistie, tu viendras aussi vers moi, ressuscité.
En ce moment, tu es parmi nous
et tu romps le pain,
afin que nos yeux s'ouvrent
et te reconnaissent.

Tu es apparu aux apôtres
au lac de Génésareth,
alors qu'ils avaient peiné toute une nuit,
sans rien prendre. Tu te tenais là, sur la rive,
et tu leur as adressé la parole.
Alors, ils remplirent leurs filets
et ton disciple préféré te reconnut :
« C'est le Seigneur ! » *(Évangile selon saint Jean 21, 7.)*

Tu es auprès de moi, au cœur de mon quotidien, au bureau, dans mes rapports avec les autres, au cours des repas que je partage avec eux.
Ouvre mes yeux, pour que je te reconnaisse dans tous mes faits et gestes.
Tu transformeras les nuits où je peine tant
sans arriver à rien en une aube lumineuse.
Tu métamorphoseras ma solitude
et mon quotidien tout gris
en une vie baignée dans ton amour,
parce que je sentirai ta proximité.
Tu as rencontré Thomas, celui qui a douté.
Tu connais aussi mes doutes, mes incertitudes sur ce que je crois, ma peur que cela ne soit que pure illusion.
Viens habiter mes doutes et montre-moi ta présence.
Touche-moi par ta parole, pour que moi aussi j'ose te toucher et dire avec Thomas :
« Mon Seigneur et mon Dieu ! » *(Évangile selon saint Jean 20, 28.)*
J'aimerais, comme Thomas,
aux prises avec ses doutes,
me laisser tomber à genoux devant toi et t'adorer :
Tu es vraiment mon Seigneur et mon Dieu.
Tu es vraiment ressuscité
et tu me redresses, moi aussi.
Amen.

Tu es notre maître intérieur

SEIGNEUR JÉSUS-CHRIST,
quarante jours après ta Résurrection,
tu es monté au cieux.
Tu nous as quittés. Tu ne veux pas
que nous te suivions de façon visible.
Tu es désormais en nous,
notre maître intérieur.
« Ton ciel est en moi »
a écrit Angelus Silesius.
Tu es aussi monté au ciel en haut de mon ciel.
Par ton Ascension, tu es encore plus présent
en mon for intérieur
que je ne le suis moi-même,
comme Augustin l'a si bien exprimé.
Cependant, parfois, je ne le sens pas,
ce ciel en moi.
Seigneur Jésus-Christ, ouvre mes yeux,
afin qu'ils découvrent le ciel qui est en moi,
cet espace de silence où tu demeures.
Là où règne ta présence,
aucun humain ne peut entrer
et exercer un pouvoir sur moi.
En ce lieu, je suis vraiment libre.

Lorsque je me promène sous un ciel bleu,
mon cœur se dilate. Pourtant, très souvent,
le ciel au-dessus de moi est couvert.
De plus, je connais bien des gens,
qui ne regardent jamais le ciel,
obnubilés qu'ils sont par leurs
propres problèmes.
Aussi ne perçoivent-ils même pas le vaste
horizon qui s'ouvre au-dessus de leur vie.
Je te prie pour eux :
Dirige leur regard vers le ciel et donne à leurs
soucis leur véritable mesure,
entoure-les et protège-les.
Ouvre le ciel au-dessus d'eux
et envoie-leur ta lumière, elle les inondera
et dilatera leur cœur. Alors, eux aussi
découvriront le ciel dans leur for intérieur,
ce ciel illuminé par ton éclat.
Que tous ces humains, dont le ciel s'est
obscurci, voient cette lumière intérieure,
car elle est ta lumière, celle de la Résurrection,
par laquelle tu nous éclaires.
Amen.

Sois en moi comme une braise

ESPRIT SAINT, en ce jour de Pentecôte,
tu as chassé les timides apôtres
de la pièce fermée
où ils se trouvaient et, pleins de courage,
ils ont annoncé la bonne nouvelle
de la résurrection de Jésus.
Tu étais comme un vent violent,
qui les a secoués
et qui a balayé sur son passage
tout ce qui était poussiéreux.
Et ils se mirent à parler.
Un vent d'enthousiasme les souleva tous,
les orateurs comme les auditeurs.
Esprit Saint, que ta tempête m'emporte !
Débarrasse-moi de tout ce qui me gêne et me bloque et rends-moi libre !

Esprit Saint, tu es apparu aux disciples
comme des langues de feu.
Tu as transformé leurs paroles en flammes.
Sois en moi comme les braises ardentes,
pour que, à mon tour, je puisse trouver
les mots qui réchauffent.
Je remarque que, bien souvent,
la froideur des discours
ne fait que séparer les hommes.

Chacun se replie sur soi
pour éviter d'avoir froid.
Brûle-moi de ton feu,
pour que mes paroles retrouvent leur flamme
et qu'une étincelle s'en échappe.
Donne-moi d'avoir un langage qui réchauffe,
un langage qui rassemble et que tous puissent comprendre, comme la foule a compris les apôtres, le jour de la Pentecôte.
Démasque ce discours froid et méprisant
que nous entendons trop souvent,
aujourd'hui ;
et donne au monde entier une langue
qui rassemble et relie,
qui redresse et guérit.

Si tu touches le cœur des hommes,
ils parleront une langue,
sortie tout droit de leur cœur.
Et cette langue nous réunira,
si bien que nous pourrons annoncer
les merveilles de Dieu.
Amen.

Prières
de la sérénité

Le Seigneur parla à Élie :
« Sors et tiens-toi dans la montagne
devant Yahvé. »
Et voici que Yahvé passa.
Il y eut un grand ouragan,
si fort qu'il fendait les montagnes
et brisait les rochers,
en avant de Yahvé,
mais Yahvé n'était pas dans l'ouragan.
Et après l'ouragan, un tremblement de terre,
mais Yahvé n'était pas dans
le tremblement de terre.
Et après le tremblement de terre un feu,
mais Yahvé n'était pas dans le feu.
Et après le feu, le bruit d'une brise légère.
Dès qu'Élie l'entendit,
il se voila la face de son manteau,
il sortit et se tint à l'entrée de la grotte.

1 Rois 19, 11-13

L'espace de la sérénité

Le but de la prière est d'arriver à la sérénité, après avoir vidé son cœur devant Dieu. Les autres, avec leurs attentes et leurs exigences, avec leurs jugements et leurs condamnations, avec leurs paroles agressives et blessantes, n'ont pas accès à cet espace. Les reproches que je me fais à moi-même, mes soucis et mes angoisses, mes sentiments de culpabilité n'y ont non plus aucun droit d'entrée.

C'est le lieu du silence, où Dieu lui-même a élu domicile. C'est le lieu du mystère, là où je me sens chez moi. Dans cet espace intérieur, je peux trouver un havre de paix, parce que je peux m'abandonner à l'amour de Dieu.

Viens, Esprit Saint

VIENS ESPRIT SAINT, et éclaire
les ténèbres de mon cœur.
Remplace les déchirements intérieurs
et le trouble qui m'habitent
par la paix et la sérénité.
Purifie ce qui est maculé en moi !
Clarifie ce qui est brouillé !
Brise ce qui est figé,
afin que la vie y afflue à nouveau.
Féconde ce qui est desséché et aride
et fais-le fleurir !
Guéris chacune de mes blessures !

Laisse affluer ta puissance salvatrice
sur mon corps malade,
mais aussi jusque dans les profondeurs
les plus meurtries de mon âme.
Je souffre de tant de blessures.
Et je les sens bien,
lorsque je réagis avec susceptibilité
à la critique et à l'incompréhension des autres.
Soigne la partie blessée et fragile
de moi-même.
Mets ton doigt sur la part de moi-même,
à laquelle je n'ai plus accès.

Esprit Saint, je perds souvent tout repère.
Je ne sais où me mène mon chemin.
Parle-moi dans le silence de mon âme
et montre-moi le chemin que je dois suivre.
Indique-moi la voie qui va m'amener
à plus de vie et de liberté.
Lorsque je ne sens plus la vie couler en moi,
verse toute ta puissance divine en mon cœur.
Redresse-moi, rends-moi fort, guéris-moi et défais les chaînes qui me tiennent prisonnier.

Parfois, je ne sais pas quelle route prendre.
Je ne sais même plus comment prier.
Viens-moi en aide ! Prie en moi « par des gémissements ineffables » *(Romains 8, 26).*
Fais-moi connaître les profondeurs de mon âme, que je ne connais pas moi-même et emplis-les de ton amour et de ta lumière, ainsi rien de ce qui m'appartient ne me fera peur.
C'est pourquoi, je te prie, Esprit Saint et salvateur, Esprit de Jésus-Christ, d'accueillir toujours mieux et de laisser demeurer en moi la personne de mon Seigneur Jésus-Christ.
Amen.

En lisant l'Écriture sainte

MON DIEU,
dans l'Écriture sainte, c'est à nous,
êtres humains que tu as parlé.
Me voilà avec la Bible dans les mains,
et je sais que tu veux, maintenant,
t'adresser à moi.
Ouvre mon cœur,
afin que je découvre ton cœur
dans tes paroles.
Envoie-moi ton Esprit Saint,
il m'aidera à comprendre ces paroles
et je t'y reconnaîtrai,
toi qui es près de moi et en moi,
toi qui me parles ;
en effet, il m'aime et veut me montrer
le chemin vers la vie véritable.
Permets-moi de trouver dans l'Écriture sainte
le salut et la guérison.

Parfois, les mots que je lis dans la Bible me mettent en colère.
Fais-moi comprendre, justement par ces mots,
qui tu es en réalité
et qui je suis devant toi.

Saint Augustin a écrit dans l'un de ses textes que la parole de Dieu ne devient mon ennemie que si j'entretiens avec moi-même des relations inamicales.
Il me faut me ménager et la parole de Dieu me paraîtra amicale.

J'aimerais que tes paroles soient comme un ami qui m'ouvre les yeux
sur la vérité de ma vie et sur le mystère
de ton amour incommensurable.
Un ami, qui m'accompagne
et qui attire mon attention
sur ce qui m'aurait, sinon, échappé.
Que tes paroles deviennent
des paroles de guérison,
qui effacent les mots blessants
entendus çà et là.
Qu'elles transforment les paroles destructrices,
que je profère parfois, en paroles de vie.
Fais-moi sentir ta présence,
lorsque je lis l'Écriture,
sois celui qui me parle de cœur à cœur,
qui me désigne personnellement dans les textes que je lis le cœur en éveil.
Amen.

La prière du cœur

« SEIGNEUR JÉSUS-CHRIST, Fils de Dieu,
aie pitié de moi ! »
Ces mots, les premiers moines,
les répétaient et les méditaient
toute la journée,
à chaque respiration,
avec chaque battement de leur cœur,
si bien qu'ils finissaient
par devenir « chair et sang »,
par s'incarner en eux
et par marquer profondément
leur âme et leur corps.

Seigneur Jésus-Christ, je voudrais, moi aussi,
leur emprunter ces mots merveilleux
pour te prier.
J'aimerais, par ces mots, faire pénétrer,
l'esprit de ta miséricorde et de ton amour,
dans mon cœur,
mais aussi dans mon corps et mon âme.
Que cette prière m'imprègne
de ta douceur miséricordieuse
et transforme ma colère.
Qu'elle chasse ma peur, emplisse mon vide,
éclaire mes ténèbres et réchauffe
mon être frigorifié.

Seigneur Jésus-Christ, c'est toi-même
qui va descendre en moi par ces paroles.
Tu m'indiques le chemin vers l'espace
de sérénité où tu as choisi de demeurer en moi et tu l'emplis de ta chaleur et de ta ferveur.
Permets-moi, en ce lieu de calme absolu,
d'être pacifié en toi et devant toi.
Donne-moi de trouver le repos et
de m'appuyer contre ton cœur,
comme Jean,
lors de la Cène.
Je trouverai alors,
en ce paisible royaume intérieur,
un refuge sûr et tranquille,
parce que toi, qui es le mystère extraordinaire,
tu habites en moi.
Imprègne-moi de ton Esprit et mes paroles et mes actes annonceront ta présence.
Je cesserai aussi de troubler l'effet de ton amour sur le monde, tout en devenant réceptif à ta lumière.
Ensuite, tous ceux qui se seront laissés habiter
et moi-même, nous imprimerons en
ce monde la force de ton Esprit.
Amen.

Je suis en adoration devant toi

DIEU ÉTERNEL et insaisissable
toi, mon Dieu, saint et tout-puissant,
je me prosterne à genoux
en adoration devant toi.
Donne-moi d'être totalement sincère,
d'être dans le don complet de moi-même
et de m'oublier entièrement.
Pendant l'adoration,
j'aspire à être si proche de toi
que tout le reste passera au second plan.
Si je pouvais être
entièrement plongé dans la prière,
je serais réellement libre,
désencombré de mon moi si étroit,
car il est tellement obsédé de lui-même
et aimerait tant savoir quels avantages
il pourrait bien tirer de la prière.

Tu es mon Créateur
et je suis ta créature.
Je t'adore comme mon Seigneur
et mon Créateur,
comme celui à qui je dois tout,
celui qui me maintient dans l'existence
à chaque instant.

Emplis-moi de l'esprit de l'adoration,
pour que j'entrevoie ta grandeur infinie
et que ton amour m'habite
au point que rien d'autre n'aura
d'importance pour moi.
Seul, toi, mon Dieu, détermineras mon être.
Et je m'inclinerai devant ton amour
incommensurable.

Dieu de sainteté, comble mon désir
de t'adorer comme il se doit
et d'être totalement libre
dans cet acte d'adoration,
libéré des entraves de mon propre moi.
Amen.

Dire oui avec Marie

MON DIEU, toi qui es mon père
et ma mère,
tu as choisi Marie, pour être la mère de ton Fils.
Je la contemple et je suis plein d'étonnement
devant le mystère de ton incarnation.
Marie fait rayonner
ton tendre amour maternel.
« Tu n'as pas craint de descendre
dans le sein de la Vierge »,
dit un cantique ancien [Te Deum].
Je t'en prie, ouvre mon cœur
pour le Fils de la Vierge Marie, pour Jésus,
afin que je le comprenne de mieux en mieux.
Donne-moi la confiance de Marie,
et je serai aussi
capable de m'ouvrir à ta parole,
pour qu'elle se fasse chair en moi
et me traverse de toutes parts.

« Et toi-même, une épée te transpercera l'âme ! » C'est ce qu'a dit Syméon à Marie, lors de la présentation au Temple
(Évangile selon saint Luc 2, 35).

Je te prie pour toutes les mères,
qui souffrent, parce que leur enfant
a choisi une autre voie.

Je te prie pour les personnes affligées,
pour les cœurs brisés.
En contemplant Marie,
ils sauront que tu leur prodigues
les trésors infinis de ton amour maternel.
Tiens-les au chaud au cœur de ton amour.

Dieu de miséricorde,
Marie a cru en ta parole,
elle t'a fait confiance, sans même savoir
où sa réponse la conduirait :
« Qu'il m'advienne selon ta parole ! »
(Évangile selon saint Luc 1, 38.)

Moi aussi, je veux être prêt à avoir foi en ta parole, à croire en toute confiance,
que tu bénis ma vie.
Tu me donnes Marie comme symbole de l'espoir que ma vie portera aussi ses fruits
et que le Christ naîtra en mon sein.
Étends ta main protectrice au-dessus de moi,
elle m'accueille dans ton amour,
me préserve de toutes les vicissitudes
du quotidien.
Amen.

Tu m'as donné un ange

DIEU DE TOUTE BONTÉ,
tu as placé à mes côtés
un ange protecteur qui m'accompagne et
qui fait entendre sa voix dans les moindres
battements de mon cœur.
Rends ma foi en cet ange plus forte.
Il me faut entendre ce qu'il a à me dire.
Je veux me sentir protégé par lui,
toujours et partout.

Voici ce que je dis à mon ange protecteur
quand je pense à lui :

« Il faut t'armer de patience avec moi,
parce que je te fuis souvent,
et que je ne suis pas forcément
attentif à ta présence protectrice.
Je crois pouvoir me tirer d'affaire tout seul.
Et je t'appelle quand, vraiment,
je n'en peux plus.
Je te remercie de me supporter,
même lorsque je suis devenu insupportable
à moi-même.
Je te remercie de ne pas m'abandonner,
même lorsque je me laisse moi-même
à l'abandon
et que je m'éloigne de mon propre moi.

Je te remercie de m'accompagner
et de me suivre
dans tous mes tours et détours.
Tu sais parfaitement que je retrouverai mon chemin.
Fais-toi bien entendre,
empêche-moi de fuir encore.
Au contraire, je veux trouver refuge en toi.
Dieu t'a envoyé pour que je trouve une issue heureuse. »

Je te remercie, Dieu de miséricorde,
pour l'ange que tu m'as envoyé
dans toutes les situations de ma vie.
Il m'a permis de me sentir moins seul.
Encore merci, mon Dieu,
de m'avoir envoyé ce messager.
Et je te rends grâce, mon ange gardien,
d'avoir accepté de venir vers moi
et de m'accompagner sur le chemin.
Amen.

Prières
sans paroles

Les êtres humains de tous les peuples et de toutes les contrées prient aussi sans utiliser la parole. Ils connaissent également la prière silencieuse, celle qui se fait sans prononcer un mot, qui se vit dans le corps.

Se taire devant Dieu

S'IMMERGER DANS le silence n'est pas une attitude propre aux religions orientales. La tradition chrétienne connaît également le silence face à Dieu. Il s'agit de s'asseoir tout simplement devant Dieu et de se taire. Mais il existe trois façons différentes de faire silence devant Dieu.

Je peux tout d'abord m'asseoir dans une église ou devant une icône du Christ et rester silencieux. Je perçois alors la présence de Dieu et essaie d'être, moi-même, intensément présent à Dieu. C'est dans une telle prière qu'était, un jour, plongé un vieil homme dans l'église du curé d'Ars. Le curé lui a demandé ce qu'il faisait là et pourquoi il restait si longtemps. Il répondit : « Je regarde Dieu et Dieu me regarde. Cela me suffit. »

C'est un silence très personnel, une quiétude devant Dieu, avec Dieu et en Dieu. Je n'ai rien à prouver. Je n'ai même pas à me concentrer. Je présente au regard bienveillant de Dieu tout ce qui est en moi, et sous ce regard, je peux trouver le courage de sonder toutes mes pensées et tous mes sentiments sans jugement ni condamnation.

Il existe un autre moyen, celui de la méditation, c'est une très bonne méthode pour rester dans le silence devant Dieu. Il me faut alors être attentif à ma respiration et évacuer, dans l'expiration, les pensées qui surgissent en moi. Dans l'inspiration, j'imagine que l'Esprit de Dieu plonge en moi et me renouvelle intérieurement. Dans la tradition, on a toujours lié la respiration à un mot. Pour moi, la prière de Jésus, est la meilleure façon de méditer. Sur l'inspiration, je dis : « Seigneur Jésus-Christ » et sur l'expiration : « Aie pitié de moi ! » C'est une prière silencieuse, car je ne réfléchis pas aux mots prononcés. Je me laisse juste conduire dans le mystère sans nom de Dieu, dans l'espace de sérénité, qui est la demeure de Dieu en moi. C'est un espace empli de la miséricorde et de l'amour de Jésus-Christ.

En ce lieu, je trouve le calme intérieur, je connais la véritable liberté. Nul n'y a accès, aucun humain, mais aucune pensée, aucun souci, aucune peur non plus. Personne ne peut m'y blesser.
C'est un lieu de guérison et je peux le découvrir. Naturellement, je ne le trouve pas toujours, mais lorsque je crois le deviner et que je finis par le déceler, j'éprouve une liberté totale. Je suis présent à moi-même et en Dieu, je me sens chez moi.

Le fameux « exercice en cellule » est la troisième façon de prier en silence. Il faut alors s'asseoir une demi-heure dans un endroit calme et prier, méditer ou réfléchir, ou bien encore lire. Je reste tout simplement assis devant Dieu. Les moines nous encouragent à garder présente à notre esprit l'image du gardien devant la porte : être assis là, laisser venir les pensées et les sentiments, les laisser frapper à ma porte et leur demander : « Qu'as-tu à me dire ? Quel désir te taraude ? » Toutes ces pensées ont droit de cité, je ne suis pas du tout obligé de garder le silence.

Si je les admets toutes, si je cherche à comprendre leur aspiration profonde, je finis par établir en moi un grand calme. Le chaos intérieur s'apaise et ces nombreuses pensées, en me dévoilant leur désir le plus ardent, me mènent finalement à Dieu. Tout ce qui surgit en moi me conduit dans les profondeurs où habite Dieu et confère à ma vie fermeté et paix.

Prier avec son corps

L'AUTRE FAÇON de prier sans paroles est d'installer son corps dans la prière et d'accomplir des gestes. Le corps a son langage et, par certains gestes, je peux exprimer ma relation à Dieu et par là même l'approfondir. Les sentiments qui ne sont pas extériorisés, disparaissent. Les gestes, quant à eux, me permettent de nouvelles expériences. Par certaines attitudes, je me relie au vécu de tous ceux qui ont prié avant moi et qui ont aussi adopté ces positions du corps. Par les gestes, c'est non seulement l'âme qui prie, mais aussi le corps.

Chaque posture est susceptible d'ouvrir un domaine différent de mon âme ou de mon corps et m'aide à mieux recevoir Dieu. Son amour m'emplira et opérera maintes métamorphoses en moi.
Je vais vous décrire quelques positions favorables à la prière.

Tout d'abord, *les mains ouvertes* : Je forme une coupe avec mes mains et les présente à Dieu. Dans mes mains, je montre ma vérité à Dieu, sans porter de jugement sur moi-même. Mes mains ouvertes sont un geste d'abandon qui m'amène à m'établir en toute confiance dans les mains de Dieu. Je Lui tends ce que j'ai pris dans mes mains, ce que j'ai fait de mes mains, ce que j'ai touché et ce que j'ai fait bouger. Je Lui tends aussi ce qui m'a échappé des mains. Je remercie Dieu pour tout ce qu'Il a mis entre mes mains, pour les capacités qu'Il m'a données, les rencontres, les idées lumineuses et les nombreux cadeaux inattendus. Je Lui expose mon impuissance, mes aspirations, mon sentiment de vide, ma volonté de m'abîmer dans son amour.

Ensuite, « *la position de l'orant* » : Je lève les mains tout en formant une coupe avec mes paumes. Par ce geste, j'ouvre le ciel au-dessus de moi et au-dessus de tous les humains. C'est une posture qui élargit mon être, elle me permet de ressentir la grandeur et la liberté de Dieu et de les communiquer aux autres. Dans cette position, Moïse a prié pour son peuple, qui combattait ses ennemis. Par cette attitude de prière, j'intercéderai pour mes frères humains, pour lesquels le ciel est couvert ou qui sont en lutte avec des forces intérieures ou extérieures. Je supplie Dieu de bien vouloir poser sa main protectrice sur eux.

« *Le signe de la bénédiction* » est un geste ancestral : Je lève les mains et dirige mes paumes vers l'avant, elles transmettent ainsi la bénédiction à toutes les personnes auxquelles je pense, à tous les lieux connus ou inconnus, ceux où je vis, où je travaille et ceux qui se trouvent à l'autre bout du monde. Je songe aussi aux pays plongés dans l'obscurité ou ravagés par la guerre. J'espère que la bénédiction de Dieu les touchera et les transformera. Puisse la bénédiction de Dieu affluer vers tous ces hommes et les envelopper de sa présence bienfaisante.

Le soir, j'aime accomplir le geste suivant : « *Je croise les bras sur la poitrine* ». Mes deux mains touchent les épaules, c'est un mouvement d'intériorisation. Je ferme la porte et protège l'espace intérieur de paix, auquel nul n'a accès, aucun humain, aucun reproche, aucun sentiment de culpabilité.
Je protège ce monde intérieur, dans lequel habite Dieu, ce grand mystère. Et j'aime fermer ce lieu sacré, où je peux restaurer mon unité intérieure. C'est en même temps un geste qui réconcilie les contraires, qui me fait accepter mes contradictions, car je sais que l'amour de Dieu s'insinuera en elles. Tout est accepté, tout a droit de cité, tout est empli de l'amour de Dieu. Et par cette attitude, je protège l'ardeur de la flamme qui brûle en moi, les braises de l'Esprit Saint, pour qu'il embrase mes paroles, mes pensées et mes actes et les emplissent de vie et d'amour.

Je n'ai décrit que quelques postures.
Essayez de vous exercer et d'adopter celles qui vous conviennent le mieux. Vous pourrez ensuite les reprendre tous les jours, en faire un

exercice quotidien et elles vous transformeront. Elles ouvriront tous les domaines de votre âme et toutes les parties de votre corps et les prépareront à recevoir Dieu et ses bienfaits. La prière nous fait participer au salut, que Jésus-Christ nous a apporté dans sa lumière. Elle est faite pour panser nos blessures, mais aussi pour nous faire accéder à un autre plan, un plan où nous serons dans une grande familiarité avec Dieu, où nous ne ferons plus qu'un avec Lui. À ce niveau, notre vie sera plongée et enracinée dans la vie divine.

Cet ouvrage a été composé
par Atlant'Communication
aux Sables-d'Olonne (Vendée).

Achevé d'imprimer en France
sur les presses de Corlet Imprimeur

Imprimé en France

N° d'imprimeur : 104743
Dépôt légal : mai 2007